Chez les sirènes

Stella Maidment et Daniela Dogliani
Traduction de Marie-Josée Brière

Bayard
CANADA

Catalogage avant publication de Bibliothèque et Archives nationales du Québec et Bibliothèque et Archives Canada

Maidment, Stella

[Mermaid puzzles. Français]

Chez les sirènes : plus de 30 jeux pour t'amuser !, une aventure avec Mélodie la sirène !

Traduction de : Mermaid puzzles.
Pour enfants de 3 ans et plus.

ISBN 978-2-89579-592-6

1. Jeux d'observation - Ouvrages pour la jeunesse. 2. Sirènes - Ouvrages pour la jeunesse. I. Dogliani, Daniela. II. Titre. III. Titre : Mermaid puzzles. Français.

GV1507.P47M34514 2014 j793.73 C2014-940127-2

Dépôt légal - Bibliothèque et Archives nationales du Québec, 2014
Bibliothèque et Archives Canada, 2014

Titre original : *Mermaid Puzzles* de Stella Maidment et Daniela Dogliani (ISBN 978-1-78171-141-5) © 2013 QED Publishing, une division de Quarto Group Company, The Old Brewery, 6 Blundell Street, London N7 9BH.

Conception graphique : Elaine Wilkinson

Direction éditoriale : Maxime P. Bélanger, Gilda Routy
Traduction : Marie-Josée Brière
Mise en pages : Danielle Dugal

Nous reconnaissons l'aide financière du gouvernement du Canada par l'entremise du Fonds du livre du Canada (FLC) pour des activités de développement de notre entreprise.

Cet ouvrage a été publié avec le soutien de la SODEC. Gouvernement du Québec - Programme de crédit d'impôt pour l'édition de livres - Gestion SODEC.

Bayard Canada Livres
4475, rue Frontenac
Montréal (Québec) Canada H2H 2S2
Téléphone : 514 844-2111 ou 1 866 844-2111
edition@bayardcanada.com
bayardlivres.ca

Imprimé en Chine

Bienvenue au fond de l'océan !

Trouve les réponses à tous les jeux de ce livre pour aider Mélodie et ses amis à organiser un concert sous l'eau.

Pourras-tu repérer aussi Alfred l'hippocampe ? Il est dans toutes les images.

Mélodie adore chanter. Quand elle s'assoit sur un rocher et qu'elle se met à chanter, toutes les créatures de l'océan sortent pour l'écouter.

Vois-tu deux poissons exactement pareils ?

Peux-tu trouver ces objets ?

un phare

trois goélands

un phoque

Marina et Coralie, elles, adorent danser. Elles passent leur temps à répéter leurs mouvements.

Peux-tu trouver ces objets ?

deux coquillages

un homard

un collier de perles

Les dauphins les accompagnent.
En vois-tu un qui ne réussit pas
à suivre les autres?

Mélodie et ses amis explorent une vieille épave.
Coralie découvre deux barils de métal.

Peux-tu trouver ces objets ?

- un message dans une bouteille
- une cuillère
- trois plantes roses

Peux-tu aider les autres à la rejoindre ?

«J'ai toujours voulu jouer de la batterie!» s'écrie Pierrot.

Les deux barils de Pierrot sont presque pareils, mais il y a trois différences entre eux. Quelles sont-elles ?

Peux-tu trouver ces objets ?

un gros coquillage blanc

un crabe

une lanterne

Mélodie a une idée. « Si on donnait un concert ? On pourrait faire nos propres instruments avec des objets qu'on aura trouvés. »

Suis les algues pour voir ce que chacune a trouvé.

Peux-tu trouver ces objets ?

une anguille

trois poissons jaunes

deux fleurs rouges

Mélodie dessine une affiche pour annoncer le spectacle.

Mélodie a utilisé tous ses crayons de couleur, sauf un. Lequel?

Peux-tu trouver ces objets?

une règle

une paire de ciseaux

deux étoiles de mer

Marina et Coralie fabriquent des colliers et des bracelets pour tout le monde.

Peux-tu trouver ces objets ?

un poisson noir et blanc

deux tortues

deux fleurs roses

Peux-tu trouver
le bracelet qui va
avec chaque collier ?

Les amis répètent leur spectacle tous les jours dans une caverne sous-marine secrète.

Peux-tu aider Mélodie à retrouver les autres ?

Le jour du concert, les spectateurs arrivent en grand nombre. Tout le monde est là – même la famille des requins !

Peux-tu trouver les quatre membres de la famille des requins ?

Puis, un chariot tiré par deux dauphins arrive. Tout le monde est très étonné. C'est Neptune, le roi des mers!

Les deux dauphins ont l'air identique, mais il y a quatre différences entre eux. Quelles sont-elles ?

Peux-tu trouver ces objets ?

deux hippocampes

deux poissons orangés

un coffre au trésor

Mélodie et ses amis se mettent à jouer. Tout le monde adore leur musique... surtout le roi Neptune!

Peux-tu trouver ces objets ?

une anguille rouge

une tortue qui danse

un bandeau rose

Pierrot porte son bandeau à rayures préféré. Peux-tu trouver trois autres objets à rayures jaunes et blanches ?

«C'était magnifique!» dit le roi Neptune après le concert. «Je ne m'étais pas amusé comme ça depuis des années!»

Pour remercier les musiciens, le roi leur remet des cadeaux tirés de son coffre au trésor. Peux-tu mener chacun d'eux jusqu'au cadeau qui lui est destiné ?

Peux-tu trouver ces objets ?

Réponses

Pages 4-5

Les deux poissons pareils sont encerclés en rouge.

Pages 6-7

Le dauphin qui ne réussit pas à suivre les autres est encerclé en rouge.

Pages 8-9

Suis la ligne rouge qui mène à Coralie et à ses barils.

Pages 10-11

Les trois différences sont encerclées en rouge.

Pages 12-13

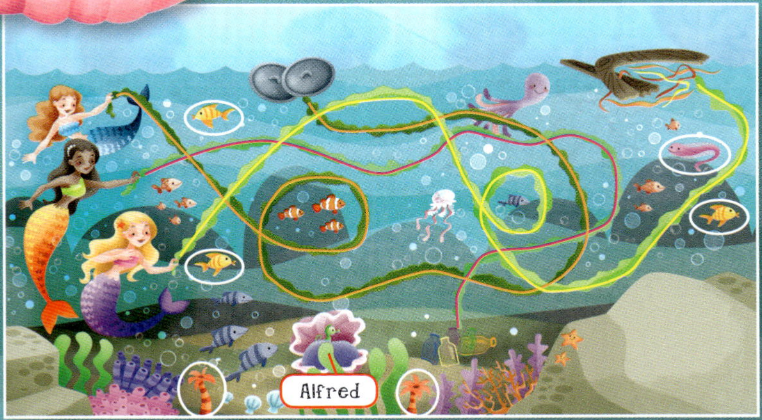

Suis les lignes de couleurs pour voir ce que chaque sirène a trouvé.

Pages 14-15

Le crayon orangé est le seul qui n'a pas été utilisé pour l'affiche.

Pages 16-17

Suis les lignes rouges pour relier les bracelets aux colliers.

Pages 18-19

Suis la ligne rouge pour aider Mélodie à retrouver les autres.

Réponses

Pages 20-21

Les quatre membres de la famille des requins sont encerclés en rouge.

Pages 22-23

Les quatre différences entre les dauphins sont encerclées en rouge.

Pages 24-25

Les autres objets à rayures jaunes et blanches sont encerclés en rouge.

Pages 26-27

Suis les lignes de couleurs pour mener chacun des quatre amis à son cadeau!

Tu veux jouer encore ?

Une journée de sirène

Déguise-toi en sirène pour une journée! Porte une camisole ou un maillot de bain d'une jolie couleur, et enroule un morceau de tissu ou un grand foulard coloré autour de ta taille pour faire une jupe serrée qui descend jusqu'à tes chevilles, comme une queue de sirène. Demande à tes amies de se déguiser elles aussi. Tu peux même les inviter à une fête de sirènes!

Fabrique un tableau animé

Prends deux feuilles de papier bleu ou vert. Demande à un adulte de découper quelques courtes fentes ondulées dans une des feuilles, en laissant une bordure tout autour. Mets de la colle sur la bordure et colle cette feuille sur l'autre. Dessine et découpe ensuite des sirènes dans d'autres feuilles de papier et glisse-les dans les fentes. Elles auront l'air de sortir de l'océan!

Tes propres instruments de musique

Pour fabriquer des maracas, enroule du ruban-cache ou du papier blanc autour de deux bouteilles de plastique. Après avoir peint les bouteilles, remplis-les à moitié avec des fèves séchées et referme-les solidement. Tu peux maintenant jouer de la musique en agitant tes maracas.

De jolis bijoux

Si tu n'as pas de coquillages sous la main, prends des pâtes! Trouve des pâtes en forme de tubes et peins-les de différentes couleurs avec de la gouache. Quand elles sont sèches, enfile-les sur des bouts de laine ou de gros fil pour fabriquer des colliers et des bracelets.